Felibet Barreto Vásquez

*Shot Espiritual*

# ¡Cómo reducir el estrés laboral con meditación!

y otras herramientas...

## Guía Práctica de 7 días

# A modo de introducción

*El estrés reduce la productividad y como consecuencia la capacidad económica y de desarrollo de cualquier país*

En el mundo actual, la creciente presión en el entorno laboral puede provocar la saturación física y/o mental de un trabajador, generando diversas consecuencias, que no afectan no solo su salud sino su entorno más próximo provocando un desequilibrio entre lo personal y lo laboral, además de reducir notablemente su creatividad y productividad.

En este *Shot Espiritual* abordaremos distintos síntomas que podrían indicar que tienes estrés y tendrás recomendaciones para abordarlo a través de la meditación ...

... *Salud*

2

# Advertencia

Este libro es una herramienta complementaria, su uso es para apoyar procesos de expansión y transformación, en ningún momento sustituye la terapia ni los profesionales que la ejercen

# Índice

# Existen varios tipos de estrés:

● **Estrés normal:** Las reacciones fisiológicas que se dan en nuestro organismo ante determinadas situaciones y que se definen como estrés en realidad son normales, en cierta medida. Un poco de estrés nos puede ayudar a afrontar y superar algunas situaciones difíciles.

● **Estrés patológico:** Cuando el estrés se presenta de modo intenso por periodos prolongados, es muy probable que cause problemas físicos y psicológicos, transformándose en un estrés crónico y nocivo que puede provocar crisis de llanto, depresión y diversas afecciones físicas.

● **Estrés post-traumático:** Es aquel que se presenta después de que una persona ha vivido algún tipo de suceso aterrador, como puede ser un accidente de tráfico o un desastre natural. A consecuencia de estos traumas, la persona tiene pensamientos aterradores con frecuencia, relacionados con la situación que vivió. Este tipo de estrés puede aparecer en personas de todas las edades, pero los niños son particularmente propensos a sufrirlo.

- Estrés laboral: se le llama estrés laboral a un conjunto de reacciones nocivas, emocionales y físicas, que se producen cuando las exigencias en el ámbito laboral superan los recursos, las capacidades y/o las necesidades del trabajador. Según un estudio llevado a cabo por la OMS, el 28% de los trabajadores europeos sufre estrés laboral, y el 20% padece el síndrome llamado "burnout"

# ¿Qué es el estrés laboral?

El estrés es la enfermedad de salud mental del siglo XXI y puede ser el detonante de la depresión o del suicidio según expertos

Las enfermedades mentales, que son las que más se extienden en el tiempo de vida del ser humano, generan altos costos económicos. Personas enfermas y sus familiares, o quienes cuidan de ellos, a menudo reducen su productividad tanto en el hogar como en el trabajo. Según datos de la Organización Mundial de la Salud, una de cada cuatro personas, 450 millones en el mundo, sufren de al menos un trastorno mental.

Perder los ingresos y además incurrir en gastos de salud puede reducir la economía de los pacientes y sus familiares, generando o agravando las condiciones de pobreza. En Estados Unidos, por ejemplo, la carga económica total de las enfermedades de salud mental se ha estimado en US$148.000 millones anuales donde la mayor parte se puede atribuir a la discapacidad laboral y a las pérdidas de productividad.

Y todo podría empezar por un cuadro simple de estrés en el hogar o en el trabajo

7

El estrés es una reacción ante las condiciones de vida a las que se enfrenta una persona, especialmente durante situaciones críticas. Lugares donde los niveles de desigualdad son altos y donde la inseguridad, la violencia y la falta de protección social se ven a diario, constituyen los espacios más amenazados y con mayor riesgo de tener ciudadanos estresados. La violencia doméstica, la venta y consumo de drogas, las pandillas, la prostitución, los asaltos y robos contrarrestan la tranquilidad de las personas.

Estos ciudadanos, estresados por conflictos en las calles y en el trabajo, pueden actuar de forma alterada con sus familias, creando constantes situaciones de crisis con sus hijos, quienes posteriormente podrían repetir estos comportamientos.

Los adultos y niños estresados pierden la confianza, son inseguros y no controlan sus emociones. Como consecuencia, se podrían convertir en ciudadanos poco productivos. El mayor problema se da cuando el estrés se transforma en depresión, generando cuadros de crisis más profundos que pueden llegar incluso al suicidio.

*La OMS estima que, en el mundo, el suicidio es la segunda causa de muerte en el grupo de 15 a 29 años de edad y que cada año se quitan la vida más de 800.000 personas*

# Causas del estrés laboral

Es normal considerar que la salud mental o física de un trabajador se puede ver influenciada por las condiciones sanitarias del entorno, por el tipo de labor que se desempeñe o la falta de herramientas e implementos para su ejecución.

Pero en lo relativo al estrés laboral, no se tiene con exactitud un plan de contingencia para su prevención, por lo cual es crucial definir las causas del mismo y poder prevenir sus consecuencias

El estrés laboral es una consecuencia de distintas situaciones que se producen en nuestro día a día del trabajo y de distintos factores que afectan a su salud mental y física.

Hablamos de estrés laboral cuando se produce una discrepancia entre la demanda laboral y los recursos del trabajador para hacerlas frente. El problema consiste en que nuestro cuerpo tiene unos recursos limitados, ocasionando al trabajador un estado de agotamiento tanto físico como mental. Esto supone una seria amenaza para la salud y el bienestar del trabajador, afectando a sus relaciones familiares y emocionales.

Entre las múltiples causas que producen el estrés laboral, vamos a elaborar una lista con las más habituales y que tienen que ver de forma más directa con este problema:

◆ Expectativas económicas, salario insuficiente

◆ La presión por parte del empresario, mobbing o acoso laboral

◆ Actividades de gran responsabilidad

◆ Funciones contradictorias del trabajador

◆ Motivaciones deficientes

◆ Ausencia de incentivos

◆ Conflictos entre empleados y/o empresarios

◆ Cargas excesivas de trabajo

◆ Exposición a riesgos físicos constantes

◆ Jornadas de trabajo excesivas

◆ Ritmo de trabajo acelerado

◆ Preocupación constante a ser despedido

◆ Falta de posibilidades para equilibrar la vida personal con la laboral

En también algunas o muchas ocasiones se da el caso de que las tareas necesitan ser ejecutadas en tiempo récord. A veces porque no nos organizamos bien y se nos echa el tiempo encima y otras veces porque son tareas urgentes e inmediatas que hay que tener para nuestros jefes lo antes posible. Lo que hay que hacer es tener en cuenta de si la tarea requerida va a poder ejecutarse en el tiempo que nos lo piden. Si no es así, pedir ayuda es algo que no sólo no es malo sino que además aligera nuestra carga mental.

La autoexigencia también es causal de estrés laboral tratar de tener todo ya, es algo que en múltiples situaciones y tiempo más que nuestros o jefes nos lo exigimos nosotros mismos. No nos damos cuenta que nuestro nivel de auto exigencia, si es elevado, puede suponer una carga mayor a las que ya exigen las tareas del día a día; de la misma manera cuando se producen tensiones o fricciones y trabajamos junto a personas que consideramos no están siendo éticas en su manera de actuar, se produce una sensación de desamparo, agobio y desaliento. También ocurre cuando percibimos cierto acoso laboral. El estrés laboral, en este caso, se presenta como un factor añadido.

# Efectos sobre el trabajo

Podemos decir sin lugar a dudas, teniendo en cuenta varios estudios que abalan esta hipótesis, que el estrés lo padece el trabajador sí, sin embargo, sus consecuencias afectan, no solo la vida del trabajador, sino también la de sus compañeros de trabajo, su familia y finalmente su trabajo.

Enumerando algunos efectos podríamos resumirlos en:

- Bajo nivel de productividad
- Absentismo (no justificado o por enfermedad)
- Relaciones laborales casi nulas o tirantes e incomodas
- Dificultad de concentración y memorización
- Desorganización laboral

Otro de los factores de estrés en el trabajo es el
denominado Burnout

# ¿Qué es el Burnout?

El Burnout o "síndrome del quemado"consiste en el
agotamiento causado por una falta de equilibrio
prolongado entre la inversión de la persona
destinada a la organización para la cual trabaja y
lo que recibe a cambio.

Este agotamiento afecta el control emocional y los
procesos cognitivos del trabajador, lo que a su vez
provoca cambios de comportamiento y una actitud
de distanciamiento. El resultado es una sensación
de ineficacia.

**El estrés en el trabajo cuando no se gestiona, se
convierte en burnout laboral**

Es esencialmente una forma crónica de fatiga, de la
que no se deshace al tomarte unas vacaciones

# Síntomas del estrés laboral

**Emocionales:**
Ansiedad, miedo, irritabilidad, mal humor, frustración, agotamiento, impotencia, inseguridad, desmotivación, intolerancia

**Conductuales:**
Disminución de la productividad, reportarse enfermo, dificultades en el habla, risa nerviosa, trato brusco en las relaciones sociales, llanto, apretar las mandíbulas, aumento del consumo de tabaco, consumo de alcohol y otras sustancias

**Cognitivos:**
Dificultad de concentración, confusión, olvidos, pensamiento menos efectivo, reducción de la capacidad de solución de problemas, reducción de la capacidad de aprendizaje.

**Fisiológicos:**
Músculos contraídos, dolor de cabeza, problemas de espalda o cuello, malestar estomacal, fatiga, infecciones, palpitaciones, respiración agitada, agotamiento, deterioro en la memoria, problemas de sueño.

14

# Vamos a lo práctico...
## Test para saber si tengo estrés laboral

Respira tres veces de manera profunda antes de contestar este test, hazlo con sinceridad y recuerda que es solo un indicativo NO un diagnóstico

### ¿Es difícil para ti conciliar el sueño?

1.- Nunca

2.- Casi nunca

3.- Pocas veces

4.- Algunas veces

5.- Relativamente frecuente

6.- Muy frecuente

### ¿Dolores de cabeza?

1.- Nunca

2.- Casi nunca

3.- Pocas veces

4.- Algunas veces

5.- Relativamente frecuente

6.- Muy frecuente

### ¿Malestar estomacal o sensación de indigestión?

1.- Nunca

2.- Casi nunca

3.- Pocas veces

4.- Algunas veces

5.- Relativamente frecuente

6.- Muy frecuente

¿Sensación de agotamiento extremo ?

1.- Nunca

2.- Casi nunca

3.- Pocas veces

4.- Algunas veces

5.- Relativamente frecuente

6.- Muy frecuente

¿Tus hábitos de consumo han aumentado? (comer, fumar, beber)

1.- Nunca

2.- Casi nunca

3.- Pocas veces

4.- Algunas veces

5.- Relativamente frecuente

6.- Muy frecuente

¿Tu respiración es con una sensación de ahogo?

1.- Nunca

2.- Casi nunca

3.- Pocas veces

4.- Algunas veces

5.- Relativamente frecuente

6.- Muy frecuente

¿Haz perdido interés por las relaciones sexuales?
1.- Nunca
2.- Casi nunca
3.- Pocas veces
4.- Algunas veces
5.- Relativamente frecuente
6.- Muy frecuente

¿Tienes sudoraciones, palpitaciones y temblores musculares sin motivo?
1.- Nunca
2.- Casi nunca
3.- Pocas veces
4.- Algunas veces
5.- Relativamente frecuente
6.- Muy frecuente

¿Tienes deseos de no levantarte por la mañana?
1.- Nunca
2.- Casi nunca
3.- Pocas veces
4.- Algunas veces
5.- Relativamente frecuente
6.- Muy frecuente

# Listo

Ahora suma la cantidad total con los números que están antes de la respuestas y sigamos ...

**12 puntos o menos:** ¿estres? no conoces esa palabra, tu vida personal y laboral seguramente tienen un buen equilibrio

**24 puntos:** Todavía estás a tiempo de identificar qué factores comienzan a inquietarte, sin embargo, al parecer, tienes buen manejo del estres

**36 a 48 puntos:** Tienes estrés leve a moderado, trata de identificar las causas y comienza a hacer los cambios necesarios

**60 puntos:** Estás en una etapa de agotamiento tanto físico como mental, si no realizas un cambio pronto, hay un alto grado de probabilidades de que tu salud se verá afectada

**72 puntos:** Necesitas ayuda ¡URGENTE!, suelta el libro, busca un profesional que pueda acompañarte en tu proceso y regresa a seguir leyendo...

## ¡Ajá y ahora?

Ya hablamos de lo que es el estrés, lo que hace en nuestros cuerpos, en  nuestra mente, en nuestra vida laboral, nuestro entorno y ¿ahora qué?

Ahora es que viene lo bueno, porque toca accionar, es aquí donde muchas personas se quedan, a mitad de camino, sabiendo que hay que hacer pero siguen sin hacerlo, esa es la diferencia entre la gente que sana y comprende y la gente que vive en la enfermedad y el drama .

Aquí no se trata del resultado,
.- me preguntan: ¿Si medito ya no voy a tener estrés?.- y respondo.- la meditación no te garantiza que no sientas estrés, te garantiza que tu perspectiva sobre tu realidad va a cambiar y quizá, sí, como consecuencia de cambiar tu manera de verlo y vivirlo, reduzca tu estrés.

Así que para continuar debo advertirte, aquí no hay salidas rápidas, ni polvos mágicos, ni pastillas para, aquí lo que encontrarás son recursos valiosos, que nada tienen que ver con la "new age", estos recursos son milenarios, poderosos y llenos de sabiduría que aplicados en la cotidianidad logran la transformación y la evolución que muchos estamos buscando... y sí también reducen el estrés

# ¿Qué es la meditación?

La meditación es considerada una práctica para "educar" la mente, nótese que coloque educar entre comillas, ya que el fin de la meditación es cobrar consciencia y restablecer la conexión intuitiva con nuestro interior, sin embargo, hemos olvidado tal conexión y necesitamos a veces de un lenguaje que simplifique algunos términos mientras esa comunicación se va restableciendo.

Muchas personas, mueren sin haber recordado esa conexión, se llevan a la tumba mucho sufrimiento y sin haber conectado con su interior.

La meditación puede llegar a ser una de las prácticas más influyentes en tu vida, gracias a ella podemos conseguir un impactante cambio convirtiéndonos en una nueva persona, con una perspectiva de vida distinta, llenos de bienestar, sabiduría y plenitud.

¿Se desaparecen los problemas? ...
... Dejarán de percibirse como tales ya que se afrontan desde un perspectiva distinta

# Tipos de Meditación

Existen muchos tipos y subtipos de técnicas de meditación que podríamos resumir en tres:

## Meditación de Concentración:

En este tipo de meditación la persona se enfoca en su respiración, emoción idea o imagen, una meditación clásica de concentración es la meditación zen; este tipo de meditación es de ayuda para mejorar la capacidad de enfoque, manteniendo la concentración en un solo punto, y evitando que la mente divague en otras direcciones.

Muchas meditaciones de este tipo suelen ser guiadas y tienen un tema específico a tratar, (productividad, eficiencia, descanso, abundancia, energía etc)

## Meditación de Contemplación:

Está técnica implica prestar atención, sin opinar, reaccionar, juzgar lo que estamos viendo u escuchando, las meditaciones más comunes de este tipo son Vipassana y Zazen este tipo de meditación es beneficiosa para mantener una mayor atención, ante la vida y las experiencias que esta te ofrece y por lo tanto te permite estar más conectado con el presente.

Es una de las mejores meditaciones para tratar el dolor, duelos y transitar situaciones abrumadoras en la vida.

## Meditación de Trascendencia:

En la meditación trascendental no hay ningún intento por dirigir la atención

Es la técnica de trascender, de introducirse en el estado más poderoso de la conciencia, libre de cualquier control mental o pensamiento.

La meditación trascendental te ayuda a desconectar completamente un descanso más profundo de la mente y el cuerpo, ya que no hay un esfuerzo continuo de concentración o contemplación.

Como consecuencia es útil para combatir el estrés y la ansiedad

Ya tienes suficiente teoría.

Vamos a la práctica

# Día 1

Empezaremos con el método de la Relajación Muscular o Método Jacobson; esta relajación se basa en la premisa de que las respuestas del organismo a la ansiedad provocan pensamientos y actos que comportan tensión muscular y, esta tensión fisiológica, a su vez, aumenta la sensación subjetiva de ansiedad.

La relajación muscular consiste fundamentalmente en la realización de una series de ejercicios musculares de secuencias de tensión-distensión. La persona tiene como tarea concentrarse en sentir la tensión en la zona que está tensando y una vez percibida esta, debe soltar y centrarse en esta nueva sensación percibiendo la diferencia entre los dos estados

*El objetivo que tiene estos ejercicios es que la persona aprenda a detectar con rapidez los estados de tensión y generar así un estado de relajación voluntario*

EJERCICIO:

Regálate unos  minutos para realizar esta secuencia:

1.- Toma aire y tensa los pies, cuenta del 1 al 6; suelta el aire y relaja la planta de lo pies, respira profundamente 1 vez.

2.- Toma aire y tensa las piernas hasta las rodillas, cuenta del 1 al 6, suelta el aire y relaja las piernas, respira profundamente 1 vez.

3.- Toma aire, tensa los muslos, cuenta del 1 al 6, suelta el aire y relaja los muslos, respira profundamente 1 vez.

4.- Toma aire, tensa el vientre, cuenta del 1 al 6, suelta el aire y relaja el vientre, respira profundamente 1 vez.

5.- Toma aire, tensa el pecho, cuenta del 1 al 6, suelta el aire y relaja el pecho, respira profundamente 1 vez.

6.- Toma aire, deja caer la cabeza hacia delante y tensa el cuello, cuenta del 1 al 6, suelta el aire y relaja el cuello, respira profundamente 1 vez.

7.- Toma aire, aprieta los puños fuertemente hasta sentir la tensión en los brazos, cuenta del 1 al 6, suelta el aire, respira profundamente 1 vez

8.- Toma aire, tensa todos los músculos del cuerpo, tanto como puedas, cuenta del 1 al 6, suelta el aire y relaja todos los músculos, respira profundamente 1 vez.

9.- Respira profundamente 3 veces

# Día 2

# Meditación guiada para Calma

Esta, es la meditación que escucharás en el link de audio de arriba:

Busca un rinconcito favorito de tu casa para hacer esta meditación, sientate comodamente y centra tu atención en todas las partes de tu cuerpo si hay algo que te molesta, quítalo, para continuar .... ahora, empecemos ...

# Escrito de la meditación

Ahora, que ya estás en una posición cómoda para ti, concéntrate en tu respiración, toma aire profundamente por la nariz y expúlsalo suavemente por la nariz igual, repite esta acción un par de veces.

Sigue relajándote, deja que tu abdomen se vacíe cuando todo el aire salga de tu cuerpo, deja que la respiración siga su curso natural, que fluya cada vez mejor.

ahora poco a poco imagina que tus pensamientos son como nubes en el firmamento, los que sea que aparezcan (la casa, las deudas, la discusión de esta mañana, el almuerzo de los niños, la familia, el tráfico) deja que lleguen, obsérvalos y deja que se vayan, cuando llegue el pensamiento, míralos y lleva lentamente tu atención a la punta de tu nariz y a tu respiración, seguimos...

Poco a poco te iras relajando más, ahora presta atención a tu cabeza, mientras respiras naturalmente, esta atento(a) a todas las sensaciones de tu cabeza, frente, cejas, ojos, mejillas, boca, mentón, cuello, seguimos bajando por el cuello, los hombros, observa como se sienten, (tensión, dolor, picazón, es una sensación agradable o desagradable, sólo observa)

baja por tus brazos, codos, manos, siente cada uno
de tus dedos, respira...

¿cómo se siente tu pecho? ¿Tu abdomen? siente tu
espalda alta... media... baja...

sigue bajando a tus caderas, gluteos, genitales,
sigamos con tus piernas, rodillas, pies...

tómate un momento para sentir como cada parte
de tu cuerpo fue reconocida y vista por ti hoy,
suelta

la tensión de todo tu cuerpo se está liberando y lo
vas notando, ahora quédate así, respirando de
forma consciente y relajada, hasta que sientas que
estás en un estado de tranquilidad para volver,
incorpórate

Todo está en perfecta armonía con tu evolución

# Día 3

Vamos con 5 tips que puedes aplicar estando en el trabajo

1.- Desactiva las notificaciones del correo electrónico: está comprobado que ver el numerito de correos sin leer aumenta los niveles de estrés, así que mejor desactivados y que nos organicemos para revisarlos, cuando lo creamos necesario

2.- Toma tu descanso de almuerzo: si tienes 30 minutos que sean TUS 30 minutos de deconexión laboral, disfruta cada bocado (mas adelante haré una técnica mindfulness para que pueda realizar en el almuerzo)

3.- "Bloque de 90 minutos": ¿qué significa esto?, que busques un espacio físico (si no puedes moverte de espacio, desconecta todo lo que podría interrumpirte al menos 90 minutos, en ese tiempo no estarás disponible de ninguna forma y aprovecha ese tiempo para adelantar, crear u acelerar trabajo pendiente.

4.- Conversa más: algunas investigaciones en el Instituto de Masschusetts, muestran que los espacios más creativos, son aquellos donde se conversa más

5.- Toma un día de descanso del mundo digital; y
me atrevo a decirte más, toma descansos regulares
del mundo digital y mucho más si trabajas en esa
área, hoy en día estamos inmersos en la tecnología,
el uso constante del celular hace que nos sintamos
cada vez más estresados;

Así que encontrar una manera de reducir ese estrés
no solo es una recomendación, es una urgencia

6.- Haz breves estiramientos cada dos horas,
levántate de la silla o si trabajas de pie, haz
pequeños ejercicios de estiramientos, brazos,
piernas, cuello, tu cuerpo te lo agradecerá.

# Día 4

¿Recuerdas que ayer te escribiría de un ejercicio de mindfulness o atención plena que podrías utilizar en tu hora de almuerzo?, pues llegó el día de ponerlo en práctica:

Busca un lugar cómodo donde puedas comer, si lo haces en soledad, será mucho más intensa la actividad, sino, haz tu mayor esfuerzo en ,atener tu concentración

Mira lo que traes de almuerzo, SIN JUICIO solo observa,  es ¿colorido? ¿atractivo a la vista?, toma la primera cucharada, ¿cuánto cabe de comida en esa cucharilla o tenedor?, mucho, poco, ¿Cuánto es mucho o poco para ti?... sigamos con la comida, en ese primer bocado, ¿Puedes reconocer todos los sabores que hay? salado, dulce, amargo, desabrido, ¿Cómo sientes la textura de la comida?, saborea...

Con el segundo bocado mastica poco y traga rápido ¿Notas la diferencia entre un bocado y otro?

Come el resto de tu almuerzo con actitud sagrada, es tu cuerpo el que se está nutriendo, el que te ha acompañado desde que naciste, quien ha crecido contigo, quien hace todo lo que tiene que hacer para mantenerte a salvo, hónralo con buena comida y dispón de esos 30 minutos, 1 hora, para disfrutar y estar en conexión total con esa nutrición.

Buen apetito

# Día 5

# Momento de Gratitud

En cualquier hora del día donde te sientas mas aliviado, en la mañana antes de salir, en el almuerzo o en la noche antes de acostarte, toma diéz minutos para agradecer.

Tengo una teoría comprobada por mi y por los muchos que han trabajado conmigo, agradecer por el hecho de agradecer, sin especificidad, no genera resultados a gran escala, porque no se siente real o auténtico, me explico: si yo digo: "Gracias por este día que estoy vivo, amén" (sin tener la certeza de que me puedo morir en cualquier momento porque veo lejano ese día, ese agradecimiento se siente en el cuerpo como: ¡bah!.. En cambio si mi agradecimiento es especifico, individual y autónomo, como: "Gracias por que este día esta soleado y justo tengo que lavar hoy".

¿Sientes la diferencia de energía?

toma tu tiempo, agarra lapi y papel y encuentra al menos tres cosas por la que sientes agradecimiento hoy

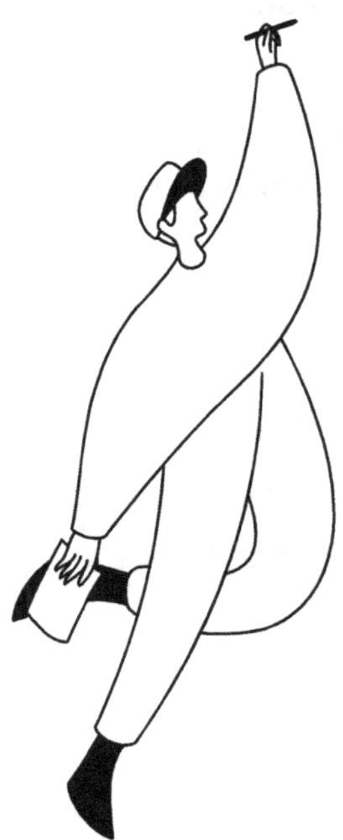

# Día 6

# Utilicemos los sentidos

Reconoce 5 cosas que puedas ver en este momento

Reconoce 4 cosas que puedas escuchar en este momento

Reconoce 3 cosas que puedas sentir en este momento

Reconoce 2 cosas que puedas oler en este momento

Reconoce 1 cosa que puedas saborear en este momento

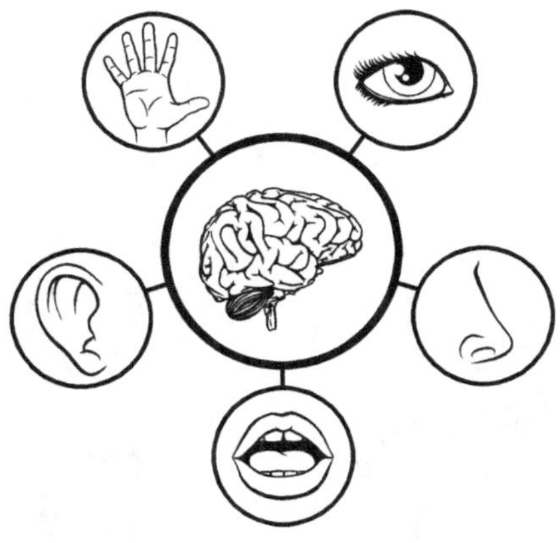

# Día 7

Por un día desconéctate de la tecnología, teléfono, tablets, computadoras, televisores, video juegos etc.

Cada vez es más necesario y quizá urgente que nos tomemos un descanso de la vida virtual, ya conocemos de muchas fuentes los riesgos para la salud física y emocional que mplica estar 24/7 "conectados".

Este día para algunos resultará el más cuesta arriba de cumplir y me atrevería a decir que es el más importante de todos.

Este día, sal a parque, camina un poco, dúchate con calma, come con disfrute sin interrupciones, deja el teléfono en casa y sal a ampliar la perspectiva de tu visión de la realidad

**Nota:**

*Conozco la sensación de ansiedad, respira, tómalo con calma, si hoy sólo pudiste desconectarte una hora, celebra y dispón que la próxima vez sean dos horas*

Repite la siguiente semana cada uno de los días
hasta que sea un hábito y recuperes la calma.

# Todo pasa

# Referencias y Bibliografías

La inteligencia emocional (Daniel Coleman

Nada Serio (Textos Sufí)

La Construcción de la Realidad (Jacobo Grinberg)

Hilo de Ariadna (Felibet Barreto Vásquez)

www.cepa-panamá.com

forbescentroamerica.com

Biblioteca local Quepe, Chile

No todos los que se esfuerzan logran cazar una gacela. Pero el que logra cazar una gacela, ¡seguro que se esforzó!

Anónimo